FLORENCE STOIBER

TISCHGRILL

FLORENCE STOIBER

TISCHGRILL

50 KREATIVE REZEPTIDEEN

riva

Bibliografische Information der Deutschen Nationalbibliothek
Die Deutsche Nationalbibliothek verzeichnet diese Publikation in der Deutschen Nationalbibliografie. Detaillierte bibliografische Daten sind im Internet über http://d-nb.de abrufbar.

Für Fragen und Anregungen
info@rivaverlag.de

Originalausgabe
1. Auflage 2019

Nymphenburger Straße 86
D-80636 München
Tel.: 089 651285-0
Fax: 089 652096

Redaktion: Caroline Kazianka
Umschlaggestaltung: Isabella Dorsch
Umschlagabbildung: Florence Stoiber
Satz: inpunkt[w]o, Haiger (www.inpunktwo.de)
Druck: Florjancic Tisk d.o.o., Slowenien
Printed in the EU

ISBN Print 978-3-7423-0938-9
ISBN E-Book (PDF) 978-3-7453-0562-3
ISBN E-Book (EPUB, Mobi) 978-3-7453-0563-0

Weitere Informationen zum Verlag finden Sie unter

www.rivaverlag.de

Beachten Sie auch unsere weiteren Verlage unter www.m-vg.de

INHALT

VORWORT

Gemeinsames Essen ist für mich eines der schönsten und einfachsten Dinge, die man mit Freunden und Familie machen kann. Wenn dann auch noch zusammen gekocht wird, macht das Ganze noch viel mehr Spaß. Deshalb gehört bei mir Raclette, Hot Pot, Fondue oder eben Tischgrillen schon immer dazu, wenn es darum geht, Gäste zu bewirten und zu unterhalten. Daher freut es mich umso mehr, dass ich dieses Kochbuch mit dem Schwerpunkt Tischgrillen umsetzen konnte. Sie finden darin Rezepte aus aller Welt, die zum gemeinsamen Nachkochen einladen. Einige der Rezepte bereite ich schon seit langer Zeit mit meiner Familie zu und sie dürfen bei keiner Grillerei fehlen, ob in- oder outdoor. Bei anderen habe ich Neues ausprobiert und Experimente gewagt. Alle Rezepte in diesem Buch sind erprobt, gelingen und schmecken lecker.

Ich lege dieses Buch jedem ans Herz, der gerne einfache, schnelle und köstliche Grillgerichte zubereiten möchte und dazu die eine oder andere Anregung brauchen kann.

In diesem Sinne viel Spaß beim Grillen und Genießen

Ihre Florence

GRILLEN ZU HAUSE – IN KÜCHE, GARTEN ODER AUF DEM BALKON

Grillen ist ein soziales Event, das sich weltweit großer Beliebtheit erfreut. Das Zusammensitzen an einem großen Tisch, das Grillen nebenbei und die lockere, ungezwungene Atmosphäre versprechen eine großartige Zeit mit Freunden und Familie.

Da aber nicht jeder über einen großen Garten verfügt und auch das Wetter es manchmal nicht zulässt, draußen zu grillen, man aber dennoch nicht auf Grillfreuden verzichten möchte, erfreuen sich elektrische Tischgrills immer größerer Beliebtheit. Denn sie können problemlos auf dem Balkon oder auch im Innenraum benutzt werden.

In diesem Kochbuch werden zwei verschiedene Arten von Tischgrills verwendet, die für unterschiedliche Gerichte zum Einsatz kommen. Bei den Rezepten, bei denen ein Teppanyaki-Grill benötigt wird, ist das eigens erwähnt, sonst ist immer ein normaler elektrischer Tischgrill mit einem Grillgitter gemeint.

Sie können die Gerichte aber natürlich auch auf jedem anderen Grill zubereiten, gerne auch im Freien und zu jedem Anlass.

DER TISCHGRILL

Mit elektrischen Tischgrills lässt sich auf dem Balkon oder auch in der Küche wunderbar grillen. Der große Vorteil ist natürlich, dass sie bei jedem Wetter und in jeder Jahreszeit zum Einsatz kommen können. Denn wer sagt, dass die Grillfreude auf den Sommer beschränkt sein sollte? Außerdem sind sie durch die elektrische Regelung schnell einsatzbereit und die Temperatur ist genau einstellbar, was zu guten und gleichmäßigen Ergebnissen führt.

Der Tischgrill zeichnet sich durch seine hohe Leistung und die Eigenschaft, gleichmäßig zu heizen, aus. Das Besondere sind die Muster des meist verchromten Grillgitters, die sich auf das Grillgut übertragen. Die Hitze ist dort konzentriert und sorgt für eine spezielle Geschmacksentwicklung und das typische Grillaroma.

Es gibt viele verschiedene Arten von Tischgrills von unterschiedlichen Herstellern und in diversen Preisklassen. Hier unterscheidet man zwischen der Größe und der Leistung sowie dem Material. Es gibt zum Beispiel auch Tischgrills, die mit Hilfe von Infrarotwärmetechnologie erhitzt werden und somit weniger Rauch entwickeln.

TEPPANYAKI-GRILL

Ein Teppanyaki-Tischgrill unterscheidet sich von einem normalen Tischgrill dadurch, dass die Gerichte direkt auf einer beschichteten Stahlplatte zubereitet werden und nicht auf einem Grillgitter. Zusätzlich hat er meist auch eine Fettauffangschale. Das ermöglicht eine einfache Zubereitung sowie eine schnelle Reinigung. Er eignet sich gut für allerlei Anlässe – vom entspannten Brunch bis zur Dinnerparty. Er bietet genügend Platz für viel Grillgut auf einmal. So kann zur selben Zeit für die ganze Familie oder mehrere Gäste gegrillt werden. Aber natürlich kann man auch kleine Mengen grillen, wenn man zum Feierabend nur zu zweit ist.

Die heute bekannte Art des Teppanyaki-Grillens kommt aus Japan (wurde jedoch ursprünglich vermutlich von spanischen Seefahrern erfunden). Die Gerichte werden dabei auf einer erhitzten Stahlplatte zubereitet. In Restaurants findet dies oft direkt vor dem Gast statt, manchmal sogar am Sitzplatz in den Tisch integriert, sodass die Gäste selbst grillen können.

Viele japanische Haushalte verfügen über einen tragbaren Teppanyaki-Tischgrill, mit dem man ganz einfach, schnell und jederzeit grillen kann.

Dieses Buch bietet Ihnen die unterschiedlichsten Rezepte, von leichtem Sommergemüse bis hin zu in Whisky eingelegtem Fleisch und fruchtiger Grillpizza. Es ist für jeden Geschmack etwas dabei. Alle Rezepte lassen sich aber auch wie gewohnt im Garten auf einem Outdoor-Grill umsetzen.

Tischgrill

Teppanyaki-Grill

VEGETARISCH

CONG YOU BING (FRÜHLINGSZWIEBEL-PANCAKES)

Ein weit verbreitetes Gericht in Asien. Anfangs scheint es vielleicht etwas kompliziert, aber wenn man den Dreh raushat, ist es kinderleicht.

VORBEREITUNGSZEIT: 60 MINUTEN, 30 MINUTEN RUHEZEIT FÜR DEN TEIG • GRILLZEIT: 6 MINUTEN

ZUTATEN FÜR 8 PANCAKES:

- 350 g Weizenmehl
- 150 ml heißes Wasser
- 30 ml Pflanzenöl
- 1 Prise Salz
- 40 ml kaltes Wasser
- 10 Frühlingszwiebeln
- Mehl für die Arbeitsfläche
- Pflanzenöl zum Bestreichen
- Pflanzenöl zum Grillen
- Sojasauce oder Sweet-Chili-Sauce zum Dippen

1. In einer Schüssel das Mehl mit dem heißen Wasser, Öl und Salz zu einem glatten Teig verkneten. Dann das kalte Wasser zugeben und den Teig weiterkneten.
2. Den Teig zu einer Kugel formen und mit einem feuchten Geschirrtuch abdecken. Mindestens 30 Minuten ruhen lassen.
3. Währenddessen die Frühlingszwiebeln putzen, waschen und in feine Ringe schneiden.
4. Nach der Ruhezeit den Teig erneut durchkneten und in 8 gleich große Stücke teilen. Daraus jeweils Kugeln formen.
5. Die Teigkugeln auf einer bemehlten Arbeitsfläche kreisförmig ca. 1 mm dünn ausrollen und mit Öl bestreichen.
6. Auf jeden Kreis 1–2 EL Frühlingszwiebeln geben und den Teig aufrollen. Aus den Rollen jeweils eine Schnecke formen und diese mit der Handfläche flach drücken. Nach Belieben noch etwas flacher ausrollen.
7. Den Tischgrill auf die mittlere Hitzestufe einstellen und reichlich mit Öl bestreichen.
8. Die Fladen auf beiden Seiten etwa 3 Minuten grillen, sodass sie goldbraun und knusprig sind.
9. Als Dip passt entweder Sojasauce oder Sweet-Chili-Sauce dazu.

SALBEIKARTOFFELN

Ideal als Beilage zu jedem BBQ-Menü oder auch – in Verbindung mit einem Salat – als vegetarische Hauptspeise.

VORBEREITUNGSZEIT: 5 MINUTEN • GRILLZEIT: 5 MINUTEN

ZUTATEN FÜR 4 PORTIONEN:

500 g Minikartoffeln
3 Salbeiblätter
50 g Butter
Maldon-Salz

1. Die Kartoffeln waschen und in einem Topf mit Wasser etwa 5 Minuten vorkochen.
2. Währenddessen den Tischgrill auf die mittlere Hitzestufe einstellen. Dann die Kartoffeln durch ein Sieb abgießen und auf dem Grill weitere 5 Minuten grillen, dabei wenden.
3. Den Salbei waschen, trockenschütteln und hacken. Butter in einer Pfanne erhitzen und den Salbei darin ca. 1 Minute anrösten.
4. Die Kartoffeln in eine Schüssel geben und die Salbeibutter darübergießen. Mit etwas Maldon-Salz nach Belieben bestreuen.

AUBERGINE MIT INGWER-MISO-GLASUR

VORBEREITUNGSZEIT: 15 MINUTEN • GRILLZEIT: 7–8 MINUTEN

ZUTATEN FÜR 4 PORTIONEN:

- 2 Auberginen
- 30 g frischer Ingwer
- 2 EL Misopaste
- 4 EL Sojasauce
- 4 EL Honig
- 2 TL Sesamöl
- 2 Stängel Koriander
- 1 EL Sesam

1. Die Auberginen putzen, waschen und der Länge nach in ½–1 cm dicke Scheiben schneiden.
2. Den Ingwer schälen und sehr fein hacken.
3. In einer Schüssel Misopaste, Sojasauce, Ingwer, Honig und Sesamöl verrühren und die Auberginenscheiben damit einstreichen.
4. Den Tischgrill auf die höchste Hitzestufe einstellen.
5. Die Auberginenscheiben auf den Grill legen und etwa 7–8 Minuten von beiden Seiten grillen, sodass sie durchgegart sind.
6. Den Koriander waschen, trockenschütteln und die Blätter abzupfen. Mit dem Sesam vor dem Servieren über die Auberginen streuen.

GRILLPIZZA MIT GEMÜSE ODER PROSCIUTTO

Für diese Pizza braucht es keinen Pizzaofen, denn sie wird einfach gegrillt. Sie können nach Belieben eine vegetarische Variante oder eine mit Fleisch zubereiten.

VORBEREITUNGSZEIT: 20 MINUTEN,
1 TAG RUHEZEIT FÜR DEN HEFETEIG • GRILLZEIT: 10 MINUTEN

ZUTATEN FÜR 8 PIZZEN:

Für den Teig:

600 ml lauwarmes Wasser
7 g Trockenhefe
1 kg Weizenmehl
2 TL Salz
30 ml Olivenöl
Olivenöl für die Form
Mehl für die Arbeitsfläche

Für das Chili-Knoblauch-Olivenöl:

5 Knoblauchzehen
3 Chilischoten
100 ml Olivenöl extra vergine

Für den Belag:

2 Handvoll Rucola
4 Stück Büffelmozzarella
1 Handvoll Kirschtomaten
8 EL Tomatensauce

1. Für den Teig in einer kleinen Schüssel etwas lauwarmes Wasser gut mit der Hefe verrühren. Hefegemisch kurz beiseitestellen.
2. Das Weizenmehl mit dem restlichen Wasser, Salz, Olivenöl und Hefemischung in eine große Schüssel geben und zu einem glatten Teig verkneten.
3. Den Teig in eine mit Olivenöl eingefettete Schüssel legen und zugedeckt ca. 24 Stunden im Kühlschrank ruhen lassen.
4. Am nächsten Tag für das Chili-Knoblauch-Olivenöl den Knoblauch schälen und hacken. Die Chilischoten waschen, putzen und ebenfalls hacken. Beides mit dem Öl in ein verschließbares Gefäß füllen, verrühren und bis zum Servieren beiseitestellen.
5. Für den Belag den Rucola waschen, verlesen und trockenschütteln. Den Mozzarella abtropfen lassen und grob zerreißen. Die Kirschtomaten waschen und vierteln.
6. Den Teig aus dem Kühlschrank nehmen, noch einmal durchkneten und 8 gleich große Kugeln daraus formen. Aus den Kugeln auf der bemehlten Arbeitsfläche runde Pizzen formen.
7. Den Teppanyaki-Grill auf höchster Stufe vorheizen und den Teig direkt darauflegen. Auf einer Seite 5 Minuten grillen. Dann umdrehen und die bereits angebräunte Seite mit Tomatensauce bestreichen. Pizzen weitere 5 Minuten grillen.
8. Die Pizzen auf ein Holzbrett legen und mit Rucola, Tomaten und Mozzarella belegen. Zum Schluss mit Chili-Knoblauch-Olivenöl beträufeln.

BLUMENKOHL MIT PARMESAN

Blumenkohl ist unter unzähligen Namen bekannt: Käsekohl, Karfiol, Blütenkohl, Traubenkohl und mehr. Schmecken tut er in jedem Fall mit diesem Rezept ganz besonders gut.

VORBEREITUNGSZEIT: 5 MINUTEN • GRILLZEIT: 10 MINUTEN

ZUTATEN FÜR 4 PORTIONEN:

1 Blumenkohl
6 EL Olivenöl
Salz und Pfeffer
½ Zitrone
¼ Bund Schnittlauch
30 g geriebener Parmesan

1. Den Blumenkohl putzen, waschen, klein schneiden und die Stücke mit Olivenöl bestreichen. Nach Geschmack salzen und pfeffern.
2. Den Tischgrill auf die mittlere Hitzestufe einstellen und den Blumenkohl dann etwa 10 Minuten darauf grillen. Aber Achtung, dass nichts anbrennt.
3. Blumenkohl auf einem Servierteller anrichten und mit dem Saft der Zitrone beträufeln. Den Schnittlauch waschen, trockenschütteln und in Röllchen schneiden. Mit dem geriebenen Parmesan über den Blumenkohl streuen.

ZUCCHINI MIT PARMESAN, PINIENKERNEN UND PESTO

Fast so vielseitig wie eine Aubergine, punktet die Zucchini in diesem würzigen Gericht besonders durch ihren milden Eigengeschmack.

VORBEREITUNGSZEIT: 10 MINUTEN • GRILLZEIT: 4–6 MINUTEN

ZUTATEN FÜR 4 PORTIONEN:

2 Zucchini
2 EL Olivenöl
Salz und Pfeffer
2 EL Pinienkerne
2 EL Basilikumpesto
75 g Feta

1. Zucchini putzen, waschen und der Länge nach in 5 mm dicke Scheiben schneiden. Die Scheiben mit Olivenöl bestreichen und nach Geschmack salzen und pfeffern.
2. Die Pinienkerne in einer Pfanne ohne Öl vorsichtig anrösten, bis sie goldbraun sind.
3. Den Tischgrill auf die mittlere Hitzestufe einstellen und die Zucchinischeiben dann darauflegen. Jeweils 2–3 Minuten auf beiden Seiten grillen, bis sie gar sind.
4. Zucchini auf einem Servierteller anrichten und das Pesto darauf verteilen.
5. Den Feta mit der Hand zerbröckeln und ebenfalls darauf verteilen. Die gerösteten Pinienkerne darüberstreuen.

MAIS MIT BUTTER-TABASCO-MARINADE

Maiskolben sind ein Grillklassiker. Und Tabasco ist generell ein Klassiker, der beim Grillen auch nicht fehlen darf. Kombiniert schmeckt beides noch besser.

VORBEREITUNGSZEIT: 10 MINUTEN • GRILLZEIT: 10 MINUTEN

ZUTATEN FÜR 4 MAISKOLBEN:

4 Maiskolben
1 Bio-Limette
2 Stängel Koriander
4 EL Butter
1 TL Tabasco
Salz und Pfeffer

1. Die Maiskolben putzen, waschen und in einem Topf mit kochendem Wasser 5 Minuten garen.
2. Den Tischgrill auf die höchste Hitzestufe einstellen.
3. Die Kolben ca. 10 Minuten auf den Grill legen und dabei immer wieder wenden.
4. Die Limette waschen und mit Küchenpapier abtrocknen. Die Schale abreiben. Den Koriander waschen, trockenschütteln und hacken.
5. Butter in einer Pfanne schmelzen und Limettenabrieb, Koriander und Tabasco dazugeben und verrühren.
6. Die Maiskolben zum Servieren mit der Butter-Tabasco-Marinade bestreichen.

KAROTTEN MIT MANDELN UND AHORNSIRUP

Das schnelle Karottengericht eignet sich ideal als Snack und kleines Fingerfood während der Grillfeier.

VORBEREITUNGSZEIT: 5 MINUTEN • GRILLZEIT: CA. 15 MINUTEN

ZUTATEN FÜR 4 PORTIONEN:

500 g kleine Karotten mit Grün
2 EL Butter
4 EL gemahlene Mandeln
2 EL Ahornsirup
Maldon-Salz

1. Das Grün der Karotten bis auf 1 cm abschneiden. Die Karotten waschen, aber nicht schälen. Wasser in einem Topf zum Kochen bringen und die Karotten darin etwa 5 Minuten vorgaren.
2. Den Tischgrill auf die höchste Hitzestufe einstellen.
3. Die Karotten ca. 15 Minuten auf den Grill legen und dabei immer wieder wenden.
4. Die Butter in einer Pfanne schmelzen. Die Mandeln dazugeben und anrösten. Dabei umrühren, damit die Mandeln nicht anbrennen.
5. Karotten in eine Schüssel oder auf einen Servierteller geben und mit den gerösteten Mandeln bestreuen. Den Ahornsirup darüberträufeln und Maldon-Salz daraufstreuen.

HALLOUMI-SANDWICH

Dieses Halloumi-Sandwich beinhaltet ganz viel Gemüse. Die karamellisierte Zwiebel, die Aubergine und die Paprika verbinden sich wunderbar mit dem Halloumi.

VORBEREITUNGSZEIT: 5 MINUTEN • GRILLZEIT PAPRIKA: 4 MINUTEN • AUBERGINE: 10 MINUTEN • HALLOUMI: CA. 6 MINUTEN

ZUTATEN FÜR 4 SANDWICHES:

- 1 rote Zwiebel
- 2 EL Butter
- 1 EL brauner Zucker
- 1 rote Paprikaschote
- ½ Aubergine
- 1 TL Cayennepfeffer
- 4 EL Olivenöl
- Salz und Pfeffer
- 250 g Halloumi
- 1 Handvoll Salatblätter
- 8 Schwarzbrotscheiben

1. Die Zwiebel schälen, halbieren und in feine Streifen schneiden.
2. Die Butter in einer Pfanne erhitzen und die Zwiebel darin 5 Minuten braten. Dann den braunen Zucker hinzufügen und die Zwiebel weitere 3 Minuten karamellisieren lassen. Aus der Pfanne nehmen und beiseitestellen.
3. Die Paprikaschote waschen, putzen und in Streifen schneiden.
4. Den Tischgrill auf die höchste Hitzestufe einstellen.
5. Die Paprikastreifen auf den Grill legen und von beiden Seite jeweils 2 Minuten grillen, sodass sie noch bissfest sind.
6. Die Aubergine putzen, waschen und in Scheiben schneiden.
7. In einer Schüssel den Cayennepfeffer mit Olivenöl, Salz und Pfeffer vermischen und die Auberginenscheiben damit bestreichen. Die Auberginenscheiben 5 Minuten von jeder Seite grillen und dann beiseitestellen.
8. Den Halloumi in 4 Scheiben schneiden und ca. 3 Minuten pro Seite grillen, sodass er goldbraun ist.
9. Den Salat waschen und trockenschütteln.
10. 4 Brotscheiben gleichmäßig mit den vorbereiteten Zutaten belegen und die restlichen Brotscheiben als Deckel darauflegen. Sandwiches vorsichtig zusammendrücken.

SÜSSKARTOFFELN MIT JOGHURT-MINZ-SALSA

Ein schnelles Rezept, das sich perfekt als Hauptgang oder Beilage eignet. Die süßen Kartoffeln bilden mit der Minze eine harmonische Kombination.

VORBEREITUNGSZEIT: 10 MINUTEN • GRILLZEIT: CA. 8 MINUTEN

ZUTATEN FÜR 4 PORTIONEN:

Für die Süßkartoffeln:

2 große Süßkartoffeln
Salz und Pfeffer
2 EL Olivenöl

Für den Minzjoghurt:

5 Stängel Minze
1 Knoblauchzehe
1 EL Zitronensaft
2 EL Olivenöl
50 g Naturjoghurt
100 g griechischer Joghurt

1. Die Süßkartoffeln schälen, waschen und in 5 mm dicke Scheiben schneiden. Nach Geschmack salzen und pfeffern und mit Olivenöl beträufeln.
2. Den Tischgrill auf die höchste Hitzestufe einstellen.
3. Die Süßkartoffelscheiben ca. 8 Minuten auf den Grill legen, bis sie weich sind, dabei einmal wenden.
4. Die Minze waschen, trockenschütteln und hacken. Den Knoblauch schälen und ebenfalls hacken. Beides mit den restlichen Zutaten für den Minzjoghurt in einer Schüssel verrühren.
5. Die Süßkartoffeln mit der Joghurt-Minz-Salsa zum Dippen servieren.

GEGRILLTES FLADENBROT MIT CHILI

Eine knusprig-weiche Erinnerung an endlose Sommerabende. Perfekt als Beilage für einen BBQ-Nachmittag.

VORBEREITUNGSZEIT: 60 MINUTEN, 30 MINUTEN RUHEZEIT FÜR DEN TEIG • GRILLZEIT: 2–4 MINUTEN

ZUTATEN FÜR 4 FLADEN:

130 g Weizenmehl
1 TL Natron
Salz
1 TL Zucker
70 g griechischer Joghurt
50 ml lauwarmes Wasser
6 EL Olivenöl
1 Chilischote
1 Knoblauchzehe
Mehl für die Arbeitsfläche
Pflanzenöl zum Grillen
50 g Feta
2 Stängel Koriander

1. Mehl, Natron, 1 TL Salz und Zucker in einer Schüssel vermischen. Dann Joghurt, Wasser und 2 EL Olivenöl hinzufügen und alles zu einem glatten Teig kneten.
2. Den Teig mit einem feuchten Tuch abdecken und etwa 30 Minuten ruhen lassen.
3. Währenddessen die Chilischote putzen und waschen, den Knoblauch schälen und beides hacken. In einer Schüssel mit dem restlichen Olivenöl verrühren und nach Geschmack salzen.
4. Den Teig noch einmal durchkneten und dann in 4 gleich große Portionen teilen. Die Teiglinge mit einem Nudelholz auf einer bemehlten Arbeitsfläche zu dünnen Fladen ausrollen.
5. Den Tischgrill auf die höchste Hitzestufe einstellen und mit etwas Öl einfetten.
6. Die Fladen pro Seite ca. 1–2 Minuten auf den Grill legen.
7. Den Feta mit den Händen zerbröseln. Den Koriander waschen, trockenschütteln und hacken.
8. Die fertigen Brote mit Chili-Knoblauch-Olivenöl beträufeln und mit Feta und Koriander bestreuen.

KARTOFFELPUFFER MIT SCHNITTLAUCH-DIP

Kartoffelpuffer sind zu jeder Jahreszeit perfekt und gehen meistens schneller weg als warme Semmeln.

VORBEREITUNGSZEIT: 15 MINUTEN • GRILLZEIT: 14 MINUTEN

ZUTATEN FÜR 4 PORTIONEN:

Für die Puffer:

200 g Kartoffeln
Salz
1 Zwiebel
2 EL Weizenmehl
2 TL Pfeffer
Butterschmalz zum Grillen

Für den Schnittlauch-Dip:

1 Bund Schnittlauch
200 g Sauerrahm
Salz und Pfeffer

1. Die Kartoffeln schälen, waschen und grob reiben. In einer Schüssel mit etwas Salz vermischen und 10 Minuten ziehen lassen. Danach möglichst gut ausdrücken.
2. Die Zwiebel schälen, reiben und mit dem Mehl und dem Pfeffer zu den Kartoffeln geben und vermischen. Bei Bedarf noch etwas salzen.
3. Den Tischgrill auf die höchste Hitzestufe einstellen und 4 Mini-Gusseisenpfannen auf dem Grill vorheizen. Jede Form mit ca. ½ TL Butterschmalz einfetten.
4. Jeweils 1 EL der Kartoffelmasse in jede Gusseisenpfanne geben und gleichmäßig darin verteilen, sodass ein runder Puffer entsteht. Puffer 7 Minuten auf einer Seite grillen, dann wenden und weitere 7 Minuten grillen. Diesen Prozess so oft wiederholen, bis die ganze Kartoffelmasse aufgebraucht ist.
5. Für die Schnittlauchsauce den Schnittlauch waschen, trockenschütteln und klein schneiden. In einer Schüssel mit dem Sauerrahm verrühren und mit Salz und Pfeffer abschmecken. Zu den Kartoffelpuffern reichen.

GEFÜLLTE PORTOBELLO-PILZE

Durch die Wachteleier sind diese gefüllten Pilze ein ganz besonderer Hingucker.

VORBEREITUNGSZEIT: 10 MINUTEN • GRILLZEIT: 10 MINUTEN

ZUTATEN FÜR 4 PORTIONEN:

4 Portobello-Pilze
½ Stange Lauch
1 EL Kapernbeeren
4 getrocknete Tomaten
100 g Frischkäse
Pfeffer
4 Wachteleier
25 g Pekannüsse

1. Die Pilze putzen, mit einem Küchenpapier säubern und jeweils den Stiel entfernen.
2. Den Lauch putzen, gründlich waschen, in feine Streifen schneiden und in eine Schüssel geben. Kapernbeeren und getrocknete Tomaten ebenfalls klein schneiden und zum Lauch geben. Den Frischkäse dazugeben, alles gut verrühren und mit Pfeffer würzen.
3. Den Tischgrill auf die mittlere Hitzestufe einstellen.
4. Die Pilze mit der Lauchmasse füllen und mit einer hitzefesten Schüssel zudecken, damit dann 8 Minuten auf dem Grill braten.
5. Dann die Pilze aufdecken und vorsichtig 1 Wachtelei in jeden Pilz aufschlagen. Wieder zudecken und Pilze weitere 2 Minuten grillen.
6. Die Pekannüsse hacken und die fertigen Pilze damit bestreuen und noch etwas pfeffern.

BALSAMICO-CHAMPIGNON-SPIESSE

Der leicht nussige Eigengeschmack der Champignons verbindet sich mit dem süßen Essig und dem Thymian. Ein besonders sommerliches Rezept, das sich auch gut zum Garnieren von Salaten eignet.

VORBEREITUNGSZEIT: 70 MINUTEN • GRILLZEIT: 6 MINUTEN

ZUTATEN FÜR 8 SPIESSE:

200 g Champignons
1 Knoblauchzehe
4 EL Olivenöl
2 EL Aceto balsamico
1 TL getrockneter Thymian
Salz und Pfeffer
¼ Bund Schnittlauch
30 g Parmesan

1. Die Champignons putzen, mit Küchenpapier säubern und halbieren.
2. Den Knoblauch schälen, hacken und mit dem Öl, dem Aceto balsamico, dem Thymian, Salz und Pfeffer in einer großen Schüssel vermischen.
3. Die Champignons in die Schüssel geben und gründlich mit der Marinade überziehen. Dann 1 Stunde lang marinieren lassen.
4. Jeweils 5 Champignonstücke auf 1 Spieß stecken.
5. Den Tischgrill auf die höchste Hitzestufe einstellen.
6. Die Spieße auf den Grill legen und 3 Minuten pro Seite grillen.
7. Den Schnittlauch waschen, trockenschütteln und in feine Röllchen schneiden. Den Parmesan hobeln. Die fertig gegrillten Champignonspieße mit Schnittlauch und Parmesan bestreuen.

GEGRILLTER FENCHEL MIT ZITRONE UND PARMESAN

Fenchel ist besonders wohltuend für den Magen. Gerade bei vielen schweren Gängen kann dies ein angenehm frisches Gericht für zwischendurch sein.

VORBEREITUNGSZEIT: 20 MINUTEN • GRILLZEIT: CA. 8 MINUTEN

ZUTATEN FÜR 4 PORTIONEN:

2 Fenchel
3 EL Zitronenolivenöl
Salz und Pfeffer
½ Bio-Zitrone
30 g Parmesan

1. Den Fenchel putzen, waschen und die Knollen in 5 mm dünne Scheiben schneiden. In eine Schüssel geben und mit Zitronenöl, Salz und Pfeffer würzen.
2. Den Tischgrill auf die höchste Hitzestufe einstellen.
3. Die Fenchelscheiben auf den Grill legen und ca. 4 Minuten pro Seite grillen.
4. Währenddessen die Zitrone waschen und mit Küchenpapier abtrocknen. Die Schale abreiben und den Saft auspressen. Den Parmesan grob raspeln.
5. Die fertigen Fenchelscheiben auf einem Teller anrichten, mit dem Zitronensaft beträufeln und den Zitronenabrieb darüberstreuen. Mit Parmesanspänen garnieren.

CAMEMBERT MIT BEEREN-CHUTNEY

Käse schließt den Magen – eine Weisheit, die nicht von ungefähr kommt. Dieser Camembert ist daher nicht nur als Vorspeise oder Hauptgericht, sondern auch als Nachspeise ideal.

VORBEREITUNGSZEIT: 5 MINUTEN • GRILLZEIT: CA. 10 MINUTEN

ZUTATEN FÜR 2 CAMEMBERTS:

2 Camemberts (à 100 g)
300 g gemischte Beeren
1 cm frischer Ingwer
2 EL Aceto balsamico
Pfeffer
1 EL Zucker
1 Zweig Thymian

1. Den Tischgrill auf die höchste Hitzestufe einstellen.
2. Jeden Camembert in 1 Mini-Gusseisenpfanne setzen, mit Alufolie bedecken und die Pfannen auf den Grill stellen. So lange zugedeckt grillen, bis der Käse innen geschmolzen ist. Das dauert etwa 10 Minuten.
3. Währenddessen die Beeren waschen, verlesen und in einem Topf erhitzen. Den Ingwer schälen, reiben und mit den restlichen Zutaten zu den Beeren geben und aufkochen. Die Mischung 5 Minuten köcheln lassen.
4. Den Camembert vom Grill nehmen und mit dem Beeren-Chutney servieren. Dazu passt Weißbrot sehr gut.

FISCH UND MEERESFRÜCHTE

JAKOBSMUSCHELN MIT SALSA VERDE

Jakobsmuscheln sind ein perfekter Zwischengang, der schnell zubereitet ist und den Gaumen anregt.

VORBEREITUNGSZEIT: 5 MINUTEN • GRILLZEIT: 2–4 MINUTEN

ZUTATEN FÜR 4 PORTIONEN:

4 Stängel Koriander
4 Stängel Petersilie
2 Knoblauchzehen
1 Chilischote
½ Zwiebel
½ TL Honig
30 ml Olivenöl
Etwas Maldon-Salz
Pflanzenöl zum Grillen
12 Jakobsmuscheln

1. Koriander und Petersilie waschen, trockenschütteln und hacken. Knoblauch schälen, Chilischote waschen, putzen und beides hacken. Zwiebel schälen und klein würfeln.
2. Die vorbereiteten Zutaten in eine Schüssel geben, mit Honig und Olivenöl verrühren und nach Geschmack etwas salzen.
3. Den Grill auf der höchsten Stufe vorheizen und mit etwas Öl einstreichen.
4. Die Jakobsmuscheln säubern und auf dem Grill jeweils 1–2 Minuten auf beiden Seiten scharf angrillen.
5. Die Salsa zum Servieren über die fertigen Jakobsmuscheln gießen.

GARNELEN-BURGER MIT AVOCADO-WASABI-CREME

Fast jeder Mensch liebt Burger und in dieser Form sind sie ein ganz besonderes Highlight. Durch die raffinierte Kombination der Zutaten entsteht ein unglaubliches Geschmackserlebnis.

VORBEREITUNGSZEIT: 10 MINUTEN • GRILLZEIT: 10 MINUTEN

ZUTATEN FÜR 4 BURGER:

Für die Patties:

500 g Garnelen, küchenfertig
1 cm frischer Ingwer
1 Frühlingszwiebel
4 Stängel Koriander
80 g altes Weißbrot
2 EL Sojasauce
1 TL Sesamöl

Für die Sauce:

1 Avocado
1 Bio-Zitrone
2 EL Mayonnaise
1–2 TL Wasabipaste
Salz und Pfeffer

Für die Burger:

4 Burgerbrötchen
1 Handvoll Rotkraut
1 TL Olivenöl
Salz
2 EL ungesalzene Erdnüsse
2 Stängel Koriander

1. Die Garnelen fein hacken. Den Ingwer schälen und ebenfalls hacken. Die Frühlingszwiebel putzen, waschen und klein schneiden. Den Koriander waschen, trockenschütteln und hacken. Das Weißbrot reiben.
2. Die vorbereiteten Zutaten in einer Schüssel mit der Sojasauce und dem Sesamöl gut vermengen.
3. Für die Burgersauce die Avocado halbieren und entkernen. Das Fruchtfleisch mit einem Löffel aus der Schale heben und in einen Standmixer geben. Die Zitrone waschen, mit Küchenpapier abtrocknen und die Schale fein abreiben. Die Zitrone halbieren und 1 Hälfte auspressen.
4. Zitronenabrieb, -saft, Mayonnaise und Wasabipaste in den Mixer geben und alles pürieren. Mit Salz und Pfeffer abschmecken.
5. Aus der Garnelenmasse 4 Patties formen, deren Durchmesser etwas größer ist als der der Burgerbrötchen.
6. Den Teppanyaki-Grill auf die mittlere Hitzestufe einstellen und die Patties darauf von beiden Seiten jeweils 5 Minuten grillen.
7. Die Burgerbrötchen aufschneiden und auf den Innenseiten kurz angrillen.
8. Rotkraut putzen, waschen und raspeln. In einer Schüssel mit Olivenöl und Salz mischen. Die Erdnüsse hacken. Den Koriander waschen, trockenschütteln und die Blätter abzupfen.
9. Die Unterseiten der Burgerbrötchen jeweils mit Avocadocreme bestreichen und mit 1 Garnelenpatty und Rotkraut belegen. Erdnüsse und Korianderblätter daraufgeben und die Brötchenoberseiten als Deckel auflegen.

GARNELENSPIESSE MIT MANGO UND KURKUMA

Scharfe Garnelen, gepaart mit der Süße einer Mango und dem erdig-süßen Geschmack von Kurkuma – ein ganz besonderes BBQ-Erlebnis.

VORBEREITUNGSZEIT: 30 MINUTEN • GRILLZEIT: 4 MINUTEN

ZUTATEN FÜR 4 SPIESSE:

16 Riesengarnelen
1 Knoblauchzehe
1 Chilischote
50 g Butter
1 TL gemahlene Kurkuma
Salz
1 reife Mango
2 Stängel Koriander

1. Die Garnelen bis auf den Schwanz schälen, vom Darm befreien und in eine Schüssel geben.
2. Die Knoblauchzehe schälen, die Chilischote putzen und waschen. Beides sehr fein hacken.
3. Die Butter in einer Pfanne schmelzen. Knoblauch und Chili kurz darin anbraten. Dann die Kurkuma untermischen. Die Garnelen mit der Gewürzbutter übergießen, gut vermischen und etwa 20 Minuten ziehen lassen. Nach Geschmack salzen.
4. Währenddessen die Mango schälen, das Fruchtfleisch vom Kern trennen und dann in 1–2 cm große Würfel schneiden. Den Koriander waschen, trockenschütteln und die Blätter abzupfen.
5. Jeweils 4 Garnelen abwechselnd mit Mangowürfeln auf 1 Spieß stecken.
6. Den Tischgrill auf die höchste Hitzestufe einstellen.
7. Die Garnelenspieße auf den Grill legen und von beiden Seiten jeweils 2 Minuten scharf angrillen. Zum Servieren mit Koriander garnieren und etwas Weißbrot dazu reichen.

GOLDBRASSE MIT ZITRONE UND KNOBLAUCH

Die Goldbrasse – auch Dorade genannt – ist ein seit der Antike bekannter Speisefisch und nicht ohne Grund immer noch sehr beliebt. Dies ist ein einfaches Rezept mit großartigem Geschmack.

VORBEREITUNGSZEIT: 5 MINUTEN • GRILLZEIT: 20 MINUTEN

ZUTATEN FÜR 4 PORTIONEN:

- 2 Goldbrassen, küchenfertig
- 3 EL Olivenöl
- Salz und Pfeffer
- 4 Zweige Thymian
- 2 Bio-Limetten

1. Die Goldbrassen säubern und mit Küchenpapier trockentupfen. Dann mit Olivenöl einstreichen und etwas salzen und pfeffern. Die Bauchhöhle ebenfalls salzen.
2. Den Thymian waschen, trockenschütteln und in den Bauch jedes Fisches 2 Zweige legen.
3. Die Limetten waschen, trockenreiben und in dünne Scheiben schneiden. Die Scheiben in und auf den Fischen verteilen. Jeden Fisch in ein Stück Backpapier einpacken.
4. Den Tischgrill auf die höchste Hitzestufe einstellen und die Fische auf den Grill legen. 10 Minuten pro Seite grillen.

GEGRILLTER THUNFISCH AUF AVOCADO-TOAST

Für dieses Rezept wird frischer Thunfisch nur für Sekunden gegrillt, so behält er sein volles Eigenaroma. Mit Sesamöl auf Schwarzbrot ergibt sich ein abgerundetes Geschmackserlebnis.

VORBEREITUNGSZEIT: 75 MINUTEN • GRILLZEIT: 1 MINUTE

ZUTATEN FÜR 4 TOASTS:

Für die Marinade:

- 1 Bund Koriander
- 2 TL Sesamöl
- Je 1 TL schwarzer und weißer Sesam
- 6 EL Sojasauce
- 2 EL Honig

Für die Sandwiches:

- 500 g Thunfischsteak
- ½ Limette
- 1 kleine Gurke
- 1 Avocado
- 4 Scheiben Schwarzbrot

1. Für die Marinade den Koriander waschen, trockenschütteln und hacken. Mit den restlichen Zutaten für die Marinade in einer Schüssel vermengen.
2. Die Thunfischsteaks in einen verschließbaren Frischhaltebeutel geben, die Marinade dazugießen, die Steaks gut damit vermischen und den Beutel verschließen. Fisch mindestens 1 Stunde im Kühlschrank ziehen lassen.
3. Währenddessen die Limette auspressen und die Gurke putzen, waschen und klein würfeln.
4. Den Tischgrill auf die höchste Hitzestufe einstellen.
5. Die Thunfischsteaks aus der Mariande heben und maximal 30 Sekunden pro Seite scharf angrillen, dann in ca. 1 cm große Würfel schneiden.
6. Die Avocado halbieren, entkernen und das Fruchtfleisch mit einem Löffel aus der Schale heben. In eine Schüssel geben und mit einer Gabel grob zerdrücken.
7. Die Brotscheiben kurz toasten und dann mit grob zerdrückter Avocado bestreichen, die Thunfischwürfel darauf verteilen.
8. Den Rest der Marinade mit dem Limettensaft und der Gurke vermengen und ebenfalls auf die Brote geben.

MISO-INGWER-BACHSAIBLING

Es muss nicht immer Lachs sein – auch der regionale Bachsaibling verzaubert kombiniert mit asiatischen Gewürzen den Gaumen.

VORBEREITUNGSZEIT: 35 MINUTEN • GRILLZEIT: 3–5 MINUTEN

ZUTATEN FÜR 4 PORTIONEN:

- 4 EL Ponzu-Sojasauce
- 2 EL Misopaste
- 1 EL Honig
- 1 TL Sesamöl
- 1 TL Reisessig
- 4 Bachsaiblingfilets mit Haut
- 1 Frühlingszwiebel

1. In einer großen Schüssel Sojasauce, Misopaste, Honig, Sesamöl und Reisessig gut verrühren. Ein paar EL von der Marinade beiseitestellen.
2. Die Bachsaiblingfilets in die Schüssel zur Marinade geben und ca. 30 Minuten marinieren.
3. Den Grill auf die höchste Hitzestufe einstellen.
4. Die Fischfilets aus der Marinade heben, mit der Hautseite auf den Grill legen und in ca. 3–5 Minuten (je nach Größe) glasig grillen.
5. Währenddessen die Frühlingszwiebel putzen, waschen und in Röllchen schneiden.
6. Die Filets auf Tellern anrichten, mit der beiseitegestellten Marinade beträufeln und mit Frühlingszwiebelringen bestreuen.

GEGRILLTE FISCHFRIKADELLEN

Diese wunderbar würzigen Fischfrikadellen passen ideal zu Salbeikartoffeln (siehe Seite 14) oder Aubergine mit Ingwer-Miso-Glasur (siehe Seite 16).

VORBEREITUNGSZEIT: 10 MINUTEN • GRILLZEIT: 4–6 MINUTEN

ZUTATEN FÜR 4 PORTIONEN:

- 400 g Heilbuttfilet
- 60 g grüne Bohnen
- 2 Frühlingszwiebeln
- 2 rote Thai-Chilischoten
- 1 Handvoll Koriander
- 1 Limette
- 2 TL Red-Curry-Paste
- 2 TL Zucker
- 1 TL Fischsauce
- 1 Ei
- 3 EL Semmelbrösel
- Pflanzenöl zum Grillen
- Sweet-Chili-Sauce zum Dippen

1. Das Heilbuttfilet sehr fein hacken und in eine Schüssel geben.
2. Grüne Bohnen, Frühlingszwiebeln, Chilischoten und Koriander putzen, waschen und sehr klein schneiden. Etwas Koriander und Chili zum Garnieren aufheben, den Rest mit den anderen vorbereiteten Zutaten zum Fisch geben.
3. Die Limette auspressen. Den Limettensaft mit den restlichen Zutaten ebenfalls in die Schüssel geben und alles zu einer zähen Masse verrühren.
4. Den Tischgrill auf die höchste Hitzestufe einstellen.
5. Jeweils 1–2 EL der Fischmasse mit feuchten Händen zu Frikadellen formen und diese gleich auf den eingefetteten Grill legen. Von beiden Seiten jeweils 2–3 Minuten grillen.
6. Die fertigen Frikadellen mit dem restlichen Chili und Koriander bestreuen und mit Sweet-Chili-Sauce servieren.

CALAMARI MIT HARISSA-MAYONNAISE

Frische Calamari sind leicht und müssen nur sehr wenig gewürzt werden. Perfekt dazu passt die Harissa-Mayonnaise, die einen angenehmen Kontrast schafft.

VORBEREITUNGSZEIT: 5 MINUTEN • GRILLZEIT: 8–10 MINUTEN

ZUTATEN FÜR 4 SPIESSE:

Für die Mayonnaise:

2 Chilischoten
2 Knoblauchzehen
1 EL Limettensaft
½ TL Honig
½ TL gemahlener Koriander
¼ TL gemahlener Kreuzkümmel
¼ TL gemahlener Kümmel
Salz und Pfeffer
100 g Mayonnaise

Für die Calamari:

12 kleine Calamari, küchenfertig
2 EL Olivenöl
Salz und Pfeffer

1. Die Chilischoten putzen, waschen und fein hacken. Den Knoblauch schälen und ebenfalls hacken. Beides mit den restlichen Zutaten, bis auf die Mayonnaise, in einen Mörser geben und alles fein zerstoßen. Dann in einer Schüssel mit der Mayonnaise verrühren.
2. Die Calamari in einer Schüssel mit dem Olivenöl vermischen und mit Salz und Pfeffer würzen. Dann auf 4 Spieße verteilen.
3. Den Grill auf die höchste Hitzestufe einstellen.
4. Die Spieße auf den Grill legen und etwa 8–10 Minuten grillen, dabei ab und zu wenden.
5. Die fertigen Spieße mit der Harissa-Mayonnaise servieren.

LACHS-ZITRONEN-SPIESSE MIT KNOBLAUCHBUTTER

Lachs hat einen angenehmen Eigengeschmack, der im Grunde wenig Würze braucht. In der klassischen Verbindung mit Zitrone kommt dieser noch besser zum Tragen. Ein schnelles und köstliches Rezept.

VORBEREITUNGSZEIT: 5 MINUTEN • GRILLZEIT: 8 MINUTEN

ZUTATEN FÜR 4 SPIESSE:

Für den Lachs:

400 g Lachsfilet
2 EL Olivenöl
Salz und Pfeffer
2 Bio-Zitronen

Für die Knoblauchbutter:

2 Knoblauchzehen
30 g Butter
1 Bio-Zitrone

1. Das Lachsfilet in 2 x 2 cm große Würfel schneiden und in eine Schüssel geben. Vorsichtig mit dem Olivenöl vermischen und mit Salz und Pfeffer würzen.
2. Die Zitronen waschen, trockenreiben und in dünne Scheiben schneiden.
3. Lachswürfel und Zitronenscheiben immer abwechselnd auf 4 Spieße stecken.
4. Den Tischgrill auf die höchste Hitzestufe einstellen.
5. Die Spieße auf den Grill legen und 8 Minuten grillen, dabei einmal wenden.
6. Für die Knoblauchbutter die Zitrone waschen und mit Küchenpapier abtrocknen, dann die Schale dünn abreiben. Knoblauch schälen und klein hacken. Die Butter in einer Pfanne schmelzen und den Zitronenabrieb sowie den Knoblauch einrühren.
7. Die fertigen Lachsspieße mit der Knoblauchbutter servieren.

GEGRILLTE LACHSFORELLENFILETS

Dieses leichte Fischgericht ist unglaublich schnell zubereitet. Chili und Knoblauch verleihen dem Ganzen eine raffinierte Schärfe.

VORBEREITUNGSZEIT: 5 MINUTEN • GRILLZEIT: 4 MINUTEN

ZUTATEN FÜR 4 PORTIONEN:

Für die Marinade:

½ Bund Petersilie
1 Chilischote
2 Knoblauchzehen
50 ml Olivenöl

Für den Fisch:

4 Lachsforellenfilets mit Haut
Salz und Pfeffer

1. Für die Marinade die Petersilie waschen, trockenschütteln und hacken. Chilischote waschen, putzen, Knoblauch schälen und beides ebenfalls fein hacken. Die vorbereiteten Zutaten in einer Schüssel mit dem Olivenöl verrühren.
2. Die Lachsforellenfilets salzen und pfeffern und mit der Marinade bestreichen.
3. Den Tischgrill auf die höchste Hitzestufe einstellen.
4. Die Lachsforellenfilets mit der Hautseite auf den Grill legen und 4 Minuten grillen.

FLEISCH

WHISKY-WINGS

Whisky kann man nicht nur trinken, er eignet sich auch hervorragend für verschiedene Fleischgerichte.

VORBEREITUNGSZEIT: 30 MINUTEN,
1 NACHT RUHEZEIT FÜR DIE WINGS • GRILLZEIT: 20 MINUTEN

ZUTATEN FÜR 4 PORTIONEN:

- 1 rote Zwiebel
- 1 EL Butter
- 125 ml Whisky
- 80 ml Ahornsirup
- 2 EL Tomatenmark
- 1 TL schwarzer Pfeffer, grob gemahlen
- 1 TL Salz
- ½ TL Tabasco
- 1 Rosmarinzweig
- 1 kg Chicken Wings

1. Die Zwiebel schälen und sehr klein würfeln.
2. Die Butter in einer Pfanne erhitzen und die Zwiebel darin 2 Minuten andünsten.
3. Mit Whisky ablöschen, dann Ahornsirup, Tomatenmark, Pfeffer, Salz, Tabasco und den gewaschenen Rosmarinzweig dazugeben. Mischung weitere 3 Minuten köcheln lassen. Die Pfanne vom Herd nehmen und die Marinade abkühlen lassen.
4. Die Wings in einen Frischhaltebeutel füllen und die abgekühlte Marinade dazugießen. Den Beutel gut verschließen und so kneten, dass die Wings gut mit der Marinade überzogen sind. Flügel über Nacht im Kühlschrank marinieren lassen.
5. Am nächsten Tag den Tischgrill auf die mittlere Hitzestufe einstellen.
6. Die Wings aus der Marinade heben, auf den Grill legen und 20 Minuten grillen, dabei einmal wenden.

SRIRACHA-RIPPCHEN

Scharfe Rippchen dürfen bei keinem BBQ fehlen. Dieses Rezept mit Sriracha-Sauce punktet mit seinem würzigen Raucharoma, und das ganz ohne Holzkohle auch im Wohnzimmer.

VORBEREITUNGSZEIT: 30 MINUTEN UND 2 STUNDEN ZUM MARINIEREN • GRILLZEIT: 30–40 MINUTEN

ZUTATEN FÜR 4 PORTIONEN:

- 1 Zwiebel
- 2 Knoblauchzehen
- 1 EL Butter
- 3 EL Worcestersauce
- 200 g Tomatenpolpa
- 3 EL Sriracha-Sauce
- 3 Tropfen Flüssigrauch oder ½ TL Rauchsalz
- 1 EL Honig
- Salz und Pfeffer
- 2 Reihen Spareribs

1. Die Zwiebel und den Knoblauch schälen und fein hacken. Die Butter in einer Pfanne schmelzen und die Zwiebel darin anbraten.
2. Mit Worcestersauce ablöschen und die restlichen Zutaten für die Marinade dazugeben. Die Mischung 3 Minuten köcheln lassen, vom Herd nehmen und abkühlen lassen.
3. Die Rippchen mit der Marinade in einen Frischhaltebeutel geben und gut verschließen. Den Beutel so kneten, dass die Rippchen komplett mit der Marinade überzogen sind. Den Beutel mindestens 2 Stunden in den Kühlschrank legen.
4. Den Tischgrill auf geringe bis mittlere Hitzestufe einstellen.
5. Die Rippchen aus der Marinade heben, auf den Grill legen und auf jeder Seite 15–20 Minuten grillen.
6. Die restliche Marinade in einem Topf einmal aufkochen, dann durch ein Sieb passieren und auf die fertigen Rippchen streichen.

RIB-EYE-TACOS

Dieses herzhafte Rezept gelingt in Windeseile und hat noch jedem ein Lächeln ins Gesicht gezaubert.

VORBEREITUNGSZEIT: 5 MINUTEN • GRILLZEIT: 4–6 MINUTEN

ZUTATEN FÜR 8 TACOS:

Für die Gewürzmischung:

1 TL Knoblauchpulver
1 TL Cayennepfeffer
2 TL Paprikapulver, edelsüß
1 TL gemahlener Koriander
1 TL gemahlener Kreuzkümmel
1 TL gemahlener weißer Pfeffer
Salz

Für die Tacos:

400 g Rib-Eye-Steak
1 Avocado
4 Radieschen
2 Stängel Koriander
8 Tacos
50 g Feta

1. Für die Gewürzmischung alle Zutaten in einer Schüssel vermischen. Das Steakfleisch mit der Gewürzmischung bestreuen, sodass es vollständig damit bedeckt ist.
2. Den Grill auf höchste Stufe vorheizen. Für ein Medium-Steak das Fleisch 2–3 Minuten auf jeder Seite grillen.
3. Das fertige Fleisch in Würfel schneiden.
4. Die Avocado schälen, entkernen, das Fruchtfleisch mit einem Löffel aus der Schale heben und würfeln. Die Radieschen waschen, putzen und ebenfalls würfeln.
5. Den Koriander waschen, trockenschütteln und die Blätter abzupfen.
6. Die Tacos mit allen Zutaten gleichmäßig belegen und den Feta darüber zerbröckeln, dann zusammenklappen.

ASIATISCHE HÜHNEROBERKEULE

Dieses Rezept wird in meiner Familie bei jeder Grillfeier zubereitet, sei es in- oder outdoor. Ein echtes Lieblingsrezept, das ich gerne weitergebe.

VORBEREITUNGSZEIT: 5 MINUTEN,
1 NACHT RUHEZEIT FÜR DIE KEULEN • GRILLZEIT: 12–16 MINUTEN

ZUTATEN FÜR 4 PORTIONEN:

- 5 Knoblauchzehen
- 40 ml Sojasauce
- 2 EL Tomatenmark
- 2–3 EL Honig
- 1 TL Pfeffer
- 4 ausgelöste Hühneroberkeulen
- 1 Frühlingszwiebel

1. Den Knoblauch schälen und hacken. Mit der Sojasauce, dem Tomatenmark und dem Honig und Pfeffer in eine Schüssel geben und gut verrühren.
2. Die Hühneroberkeulen mit der Marinade in einen Frischhaltebeutel füllen. Beutel gut verschließen und so kneten, dass die Keulen komplett mit der Sauce überzogen sind. Die Keulen über Nacht in den Kühlschrank legen.
3. Am nächsten Tag den Tischgrill auf die höchste Hitzestufe einstellen.
4. Die Hühnerkeulen aus der Marinade heben, auf den Grill legen und 6–8 Minuten pro Seite grillen, sodass sie eine schöne Kruste bekommen.
5. Währenddessen die Frühlingszwiebel waschen, putzen und in feine Röllchen schneiden.
6. Die restliche Marinade in einem Topf aufkochen und beim Servieren über das Huhn gießen. Mit Frühlingszwiebelringen garnieren.

SCHWEINEBAUCH-SPIESSCHEN MIT LIMETTE

Der saftige Schweinebauch und die frische Limette gehen in diesem Rezept eine gelungene Kombination ein. Ein wunderbares Zusammenspiel zweier so unterschiedlicher Zutaten, das garantiert mit zufriedenen Gästen endet.

VORBEREITUNGSZEIT: 15 MINUTEN • GRILLZEIT: 10 MINUTEN

ZUTATEN FÜR 4 PORTIONEN:

800 g Schweinebauch
1 TL schwarzer Pfeffer, grob gemahlen
Salz
2 Stängel Minze
1 Knoblauchzehe
1 Bio-Limette
50 ml Olivenöl

1. Den Schweinebauch in ca. 1 cm dicke Stücke schneiden und auf 4 Grillspieße stecken. Nach Geschmack grob pfeffern und salzen.
2. Den Tischgrill auf die höchste Stufe stellen und die Spieße darauf 10 Minuten goldbraun und knusprig grillen.
3. Währenddessen die Minzblätter von den Stängeln lösen, waschen und fein hacken. Die Knoblauchzehe schälen und in feine Scheiben schneiden.
4. Die Limette waschen, mit Küchenpapier abtrocknen und die Schale abreiben. Dann die Limette achteln.
5. Limettenabrieb in einer Schüssel mit Minze, Knoblauch und Olivenöl vermischen. Bei Bedarf noch etwas salzen.
6. Die fertigen Spieße auf Tellern anrichten, mit der Olivenölmischung begießen und mit den Limettenachteln garnieren.

BULGOGI

Damit das Fleisch besonders zart wird, wird für die Marinade in Korea eine Nashi-Birne verwendet. Eine Kiwi eignet sich aber genauso gut und verleiht diesem Rezept das gewisse Etwas. Dazu passt am besten Reis.

VORBEREITUNGSZEIT: 70 MINUTEN • GRILLZEIT: 5 MINUTEN

ZUTATEN FÜR 4 PORTIONEN:

Für die Marinade:

½ Kiwi
2 Knoblauchzehen
4 EL Sojasauce
2 EL Zucker
1 EL Sesamöl
1 TL gemahlener weißer Pfeffer
2 TL Sesam

Für das Fleisch:

400 g Rib-Eye-Steak
1 Zwiebel

1. Die Kiwi schälen und durch eine Käsereibe reiben. 2 EL davon in eine Schüssel geben. Den Knoblauch schälen, hacken und dazugeben. Dann die restlichen Zutaten für die Marinade zufügen und alles gut verrühren.
2. Das Fleisch in dünne Streifen schneiden. Die Zwiebel schälen, halbieren und dann in Streifen schneiden.
3. Fleisch und Zwiebel in die Marinade geben und 1 Stunde lang marinieren lassen.
4. Den Teppanyaki-Grill auf höchster Stufe vorheizen.
5. Das Fleisch aus der Marinade heben und auf den Grill legen. Immer wieder auflockern und bewegen, sodass das Fleisch nicht am Grill kleben bleibt oder verbrennt. Dieser Bratvorgang sollte etwa 5 Minuten dauern. Das fertige Fleisch sofort servieren.

CHINESISCHE BBQ-SCHWEINESCHULTER

Asiatisch angehauchte Schweineschulter im BBQ-Stil. Die süße Note gepaart mit der kräftigen Würze der Sojasauce ergibt ein Geschmackserlebnis der besonderen Art.

VORBEREITUNGSZEIT: 10 MINUTEN,
1 NACHT RUHEZEIT FÜR DAS FLEISCH • GRILLZEIT: CA. 30 MINUTEN

ZUTATEN FÜR 4 PORTIONEN:

- 4 Knoblauchzehen
- 2 EL Zucker
- 4 EL Sojasauce
- ½ TL Fünf-Gewürze-Pulver
- ½ TL gemahlener weißer Pfeffer
- 1 EL Reiswein
- 1 TL Sesamöl
- 1 EL Hoisin-Sauce
- 2 TL Kokosblütensirup
- 800 g Schweineschulter

1. Die Knoblauchzehen schälen und hacken. Mit den restlichen Zutaten – außer der Schweineschulter – in einer Schüssel gut verrühren.
2. Die Schweineschulter in 3–4 cm dicke Scheiben schneiden.
3. Das Fleisch mit der Sauce in einen Frischhaltebeutel füllen und diesen verschließen. Den Beutel so gut kneten, dass das Fleisch komplett mit der Marinade überzogen ist. Das Fleisch über Nacht im Kühlschrank marinieren lassen.
4. Am nächsten Tag den Tischgrill auf die höchste Hitzestufe einstellen.
5. Das Fleisch aus der Marinade heben, auf den Grill legen und dann ca. 15 Minuten pro Seite grillen. Die Kerntemperatur sollte 75 °C betragen, damit das Fleisch ganz durch ist. Am besten mit einem Fleischthermometer nachprüfen.

CURRYHUHN MIT ANANAS

Viele Menschen lieben Ananas ja auf der Pizza, doch eigentlich passt sie viel besser zu Huhn und vor allem auf den Grill.

VORBEREITUNGSZEIT: 30 MINUTEN • GRILLZEIT: 10 MINUTEN

ZUTATEN FÜR 8 SPIESSE:

4 Hühnerbrüste (à 180 g)
2 EL Currypulver
6 EL Olivenöl
Salz
½ Ananas
1 TL schwarzer Sesam

1. Die Hühnerbrust in ca. 2 cm große Würfel schneiden.
2. In einer großen Schüssel das Currypulver mit dem Olivenöl und etwas Salz vermischen. Das Hühnerfleisch dazugeben und alles so gut vermengen, dass das Fleisch komplett mit dem Öl überzogen ist.
3. Die Ananas schälen und ebenfalls in ca. 2 cm große Würfel schneiden. Die Ananas- und die Fleischwürfel immer abwechselnd auf 8 Spieße stecken.
4. Den Tischgrill auf die höchste Hitzestufe einstellen.
5. Die Spieße auf den Grill legen und ca. 10 Minuten grillen. Währenddessen ab und zu wenden, sodass das Huhn von allen Seiten leicht braun ist.
6. Die fertigen Spieße mit Sesam garniert servieren.

GEGRILLTE ENTE MIT ORANGENJUS

Ente mit Orange – das ist seit jeher ein Klassiker. Auf dem Tischgrill bekommt dieses Rezept neuen Pfiff.

VORBEREITUNGSZEIT: 5 MINUTEN • GRILLZEIT: 20 MINUTEN

ZUTATEN FÜR 4 PORTIONEN:

2 Entenbrüste (à ca. 400 g)
Salz und Pfeffer
1 Bio-Orange
3 Zweige Thymian
300 ml Kalbsjus
1 EL Butter
1 Handvoll rote Pfefferbeeren

1. Die Entenbrüste 30 Minuten vor der Zubereitung aus dem Kühlschrank nehmen. Das Fleisch mit einem Küchenpapier trockentupfen und die Haut rautenförmig einschneiden. Dann die Entenbrüste salzen und pfeffern. Auf der Hautseite sollten sie etwas stärker gesalzen werden.
2. Die Orange waschen, mit einem Küchenpapier abtrocknen und die Schale abreiben. Die Frucht halbieren und 1 Hälfte auspressen. Den Thymian waschen und trockenschütteln. Von 1 Zweig die Blättchen abstreifen.
3. Den Kalbsjus in einem Topf aufkochen, dann die Butter hinzufügen und schmelzen lassen. Den Thymianzweig, den Orangenabrieb und -saft dazugeben und alles etwas einköcheln lassen. Die Sauce dann durch ein Sieb passieren und warm stellen.
4. Den Tischgrill auf die höchste Hitzestufe einstellen.
5. Die Entenbrüste mit der Hautseite auf den Grill legen und 5 Minuten scharf anbraten, bis die Haut knusprig braun ist. Dann wenden und bei niedrigster Hitze etwa 15 Minuten weitergrillen, dabei mit Alufolie abdecken. Die Kerntemperatur sollte zum Schluss etwa 65 °C betragen. Am besten mit einem Fleischthermometer überprüfen.
6. Die fertigen Entenbrüste vom Grill nehmen, Alufolie herunternehmen und 5 Minuten ruhen lassen.
7. Zum Servieren das Fleisch in fingerdicke Scheiben schneiden, mit Orangenjus begießen und mit etwas Thymian und roten Pfefferbeeren garnieren.

TERIYAKI-RINDFLEISCH-SPIESSE

Teriyaki ist eine Zubereitungsart von Speisen, die in Japan weit verbreitet ist. Vor allem vom Grill schmeckt das marinierte Fleisch besonders gut.

VORBEREITUNGSZEIT: 20 MINUTEN • GRILLZEIT: 4 MINUTEN

ZUTATEN FÜR 8 SPIESSE:

Für das Fleisch:

400 g Entrecôte
1 Frühlingszwiebel
1 TL Sesam

Für die Teriyaki-Sauce:

3 Knoblauchzehen
1 cm frischer Ingwer
100 ml Sojasauce
1 EL Reiswein
1 TL Sesamöl
4 EL brauner Zucker
1 EL Honig
1 TL Kartoffelstärke
Etwas kaltes Wasser

1. Das Fleisch in ca. 5 mm dicke lange Streifen schneiden. Die Frühlingszwiebel putzen, waschen und in feine Ringe schneiden.
2. Für die Sauce den Knoblauch schälen und hacken. Den Ingwer schälen und reiben. Beides mit der Sojasauce, dem Reiswein, dem Sesamöl, dem Zucker und dem Honig in einen Topf geben und aufkochen lassen. Dann die Hitze reduzieren und die Mischung 15 Minuten köcheln lassen.
3. Die Kartoffelstärke in einer Tasse mit etwas kaltem Wasser anrühren, sodass keine Klumpen entstehen, und dann in die Sauce einrühren. Die Sauce kurz aufkochen, dann den Topf vom Herd nehmen.
4. Den Tischgrill auf die höchste Hitzestufe einstellen.
5. Die Rindfleischstreifen wellenförmig auf 8 Holzspieße stecken. Dann auf den Grill legen und das Fleisch mit der Teriyaki-Sauce bestreichen. Nach 2 Minuten die Spieße wenden, noch einmal mit der Sauce einstreichen und weitere 2 Minuten braten.
6. Die fertigen Spieße zum Servieren mit Sesam und Frühlingszwiebelröllchen bestreuen.

SCHWEINELENDE MIT WHISKY-MARINADE

Der Whisky verleiht der Schweinelende eine ungewohnt spannende Note. Ein Rezept, das mit wenig Zutaten und geringem Aufwand gelingt.

VORBEREITUNGSZEIT: 15 MINUTEN,
1 NACHT RUHEZEIT FÜR DAS FLEISCH • GRILLZEIT: 30 MINUTEN

ZUTATEN FÜR 4 PORTIONEN:

1 rote Zwiebel
1 EL Butter
80 ml Whisky
60 ml Worcestersauce
2 EL Dijonsenf
½ TL Salz
1 ½ EL brauner Zucker
½ TL Tabasco
1 kg Schweinelende

1. Die Zwiebel schälen und fein hacken. Die Butter in einem kleinen Topf schmelzen und die Zwiebel darin anschwitzen. Mit Whisky ablöschen und dann die restlichen Zutaten – außer dem Fleisch – dazugeben. Die Marinade 2 Minuten köcheln lassen, dann vom Herd nehmen und abkühlen lassen.
2. Die Schweinelende mit der Marinade in einen Frischhaltebeutel geben, diesen gut verschließen und über Nacht in den Kühlschrank legen.
3. Am nächsten Tag den Tischgrill auf die mittlere Hitzestufe einstellen.
4. Die Lende auf den Grill legen und 30 Minuten grillen, bis die Kerntemperatur etwa 65 °C beträgt. Mit einem Fleischthermometer kontrollieren.
5. Die Marinade in einem Topf aufkochen und zum Servieren über die Schweinelende gießen.

GEFÜLLTE HÜHNERBRUST

Mozzarella, Tomaten und Spinat als Füllung, das ist eine Kombination, die immer funktioniert. Wer eine besonders saftige Hühnerbrust haben möchte, kann sie vor der Zubereitung noch eine halbe Stunde in ein Salzwasserbad einlegen.

VORBEREITUNGSZEIT: 5 MINUTEN • GRILLZEIT: 30 MINUTEN

ZUTATEN FÜR 4 PORTIONEN:

4 Hühnerbrüste (à 180 g)
Salz und Pfeffer
2 Handvoll frischer Blattspinat
250 g Mozzarella (2 Kugeln)
12 getrocknete Tomaten
2 EL Pinienkerne

1. Die Hühnerbrüste jeweils der Länge nach einschneiden, aber nicht durchschneiden, sodass man sie aufklappen kann. Salzen und pfeffern.
2. Den Spinat verlesen, waschen und abtropfen lassen. Den Mozzarella abtropfen lassen und in Scheiben schneiden. Die getrockneten Tomaten halbieren.
3. Die Pinienkerne in einer Pfanne ohne Fett rösten, bis sie goldbraun sind.
4. Die vorbereiteten Zutaten gleichmäßig in die Taschen der Hühnerbrüste verteilen. Die Taschen gut mit Zahnstochern verschließen.
5. Den Tischgrill auf die höchste Hitzestufe einstellen.
6. Die gefüllten Hühnerbrüste auf den Grill legen und pro Seite etwa 15 Minuten grillen.

PITA MIT KAFTA

Kafta kommen aus der libanesischen Küche und werden in den verschiedensten Varianten serviert. Die Zutatenliste dieses Rezepts mag im ersten Moment einschüchternd wirken, aber wenn das Endergebnis dann auf dem Tisch steht, ist nur mehr Freude angesagt.

VORBEREITUNGSZEIT: 15 MINUTEN, 70 MINUTEN RUHEZEIT FÜR DEN TEIG • GRILLZEIT PITAS: CA. 10 MINUTEN • KAFTA: 8–10 MINUTEN

ZUTATEN FÜR 4 PITAS:

Für die Pitabrote:

3,5 g Trockenhefe
150 ml lauwarmes Wasser
1 EL Zucker
1 TL Salz
300 g Weizenmehl
2 EL Olivenöl
Olivenöl zum Bestreichen

Für die Füllung:

½ rote Zwiebel
2 Tomaten
½ Gurke
1 Handvoll Salatblätter
50 g Feta
1 EL Zitronensaft
Salz und Pfeffer
2 EL Olivenöl

Für die Sauce:

1 Knoblauchzehe
250 g griechischer Joghurt
Salz

1. Für die Brote Hefe, Wasser, Zucker und Salz in einer Schüssel verrühren, bis sich alles aufgelöst hat. Dann 10 Minuten beiseitestellen.
2. Die Hefemischung mit dem Mehl und dem Olivenöl in eine große Schüssel geben und zu einem glatten Teig verkneten. Den Teig zu einer Kugel formen und mit Olivenöl bestreichen. Dann zugedeckt 1 Stunde ruhen lassen.
3. Nach dem Ruhen den Teig noch einmal mit den Händen durchkneten und in 4 gleich große Stücke teilen. Daraus 4 Pitas formen.
4. Den Tischgrill auf die höchste Hitzestufe einstellen.
5. Die Pitas auf dem Grill von beiden Seiten jeweils 5 Minuten grillen, bis sie goldbraun sind.
6. Die Zwiebel schälen und in feine Streifen schneiden. Tomaten und Gurke putzen, waschen und klein würfeln. Die Salatblätter waschen, trockenschütteln und in mundgerechte Stücke zupfen. Die vorbereiteten Zutaten in einer Schüssel vermischen und den Feta darüber zerbröckeln. Mit Zitronensaft, Salz, Pfeffer und Olivenöl würzen.
7. Für die Sauce den Knoblauch schälen und hacken. In einer Schüssel mit dem Joghurt verrühren. Dann mit Salz abschmecken.

Für die Kafta:

1 Bund Petersilie
1 Zwiebel
400 g Rinderhackfleisch
2 TL gemahlener Piment
½ TL Cayennepfeffer
½ TL gemahlener Kreuzkümmel
½ TL Zimt
½ TL gemahlener Koriander
Salz und Pfeffer
Pflanzenöl zum Grillen

8. Für die Kafta die Petersilie waschen, trockenschütteln und hacken (etwas Petersilie zum Garnieren beiseitelegen). Die Zwiebel schälen und klein würfeln. Beides mit den restlichen Kafta-Zutaten in eine Schüssel geben und gründlich mit den Händen verkneten. Den Fleischteig in 4 gleich große Portionen aufteilen und 4 Spieße damit ummanteln.
9. Den Tischgrill auf die höchste Hitzestufe einstellen und etwas einfetten.
10. Die Spieße auf den Grill legen und 8–10 Minuten grillen, dabei einmal wenden.
11. Wenn die Kafta fertig gegrillt sind, vom Spieß abziehen.
12. Die Pitabrote aufschneiden, sodass sich eine Tasche bildet. Die Füllung, die Sauce und die Kafta gleichmäßig in den Broten verteilen und alles mit etwas Petersilie bestreuen.

GEGRILLTE LAHMACUN (TÜRKISCHE PIZZA)

Lahmacun ist auch bekannt als türkische Pizza und eignet sich hervorragend fürs Grillen. Das Rezept ist eine etwas abgeänderte Variante. Der Fladen lässt sich gut als Snack in mehrere Portionen teilen.

VORBEREITUNGSZEIT: 2 STUNDEN • CA. 2 STUNDEN RUHEZEIT FÜR DEN TEIG • GRILLZEIT: 9–11 MINUTEN

ZUTATEN FÜR 8 PIZZEN:

Für den Teig:

1 TL Zucker
7 g Trockenhefe
180 ml lauwarmes Wasser
240 g Weizenmehl
2 TL Salz
Olivenöl zum Bestreichen
Mehl für die Arbeitsfläche

Für den Belag:

1 Handvoll Petersilie
2 Knoblauchzehen
1 Schalotte
1 Tomate
50 ml Olivenöl
3 EL Tomatenmark
½ TL Cayennepfeffer
½ TL gemahlener Kreuzkümmel
1 TL Paprikapulver, edelsüß
½ TL Zimt
½ TL gemahlener Piment
100 g Rinder- oder Lammhackfleisch
Salz und Pfeffer
Joghurt-Minzdip (siehe Seite 30)

1. Zucker, Hefe und lauwarmes Wasser in einer Schüssel verrühren, bis sich alles aufgelöst hat, und 10 Minuten ruhen lassen.
2. Die Hefemischung mit dem Mehl und dem Salz in eine große Schüssel geben und zu einem Teig verkneten. Den Teig zu einer Kugel formen und mit etwas Olivenöl bestreichen. Dann zugedeckt 1 Stunde ruhen lassen.
3. Nach der Ruhezeit den Teig in 8 gleich große Stücke teilen und diese zu Kugeln formen. Mit einem feuchten Tuch abdecken und weitere 45 Minuten ruhen lassen.
4. Währenddessen den Belag vorbereiten. Die Petersilie waschen, trockenschütteln und hacken. Den Knoblauch und die Schalotte schälen und hacken bzw. klein würfeln. Die Tomate waschen und klein schneiden. Die vorbereiteten Zutaten mit den restlichen Zutaten für den Belag in einer Schüssel verrühren und mit Salz und Pfeffer abschmecken.
5. Etwas Mehl auf die Arbeitsfläche streuen und die Teigkugeln mit einem Nudelholz ca. 2 mm dünn ausrollen.
6. Den Teppanyaki-Grill auf die höchste Hitzestufe einstellen.
7. Die Pizzen auf dem Grill auf einer Seite angrillen. Nach 1 Minute umdrehen und eine dünne Schicht der Fleischmasse darauf verteilen. Dann weitere 8–10 Minuten grillen.
8. Die Lahmacun kann man entweder falten oder wie eine Pizza essen. Den Joghurt-Minzdip dazu reichen.

ROSENKOHL MIT SPECK

Der Bitterkeit des Rosenkohls wird mit knusprig gegrilltem Speck begegnet – und das ergibt einen wunderbar harmonischen Wohlgeschmack.

VORBEREITUNGSZEIT: 15 MINUTEN • GRILLZEIT: 6 MINUTEN

ZUTATEN FÜR 8 SPIESSE:

400 g Rosenkohl
200 g Frühstücksspeck
1 TL Maldon-Salz

1. Den Rosenkohl putzen, dabei die äußeren Blätter der Köpfchen entfernen, und dann waschen. In einem Topf ausreichend Wasser zum Kochen bringen und den Rosenkohl darin 3 Minuten vorkochen. Danach in ein Sieb abgießen, kurz abkühlen lassen und die Köpfchen halbieren.

2. Die Speckstreifen längs halbieren und aufrollen.
3. Den Tischgrill auf die höchste Hitzestufe einstellen.
4. Speckrollen und Rosenkohl abwechselnd auf 8 Spieße stecken. Die Spieße auf den Grill legen und von beiden Seiten jeweils ca. 3 Minuten grillen.
5. Die fertigen Spieße mit Maldon-Salz bestreut servieren.

SÜSSES

SCHOKOBANANEN

Bananen und Schokolade – das passt einfach zusammen. Diese Schokobananen sind schnell zubereitet und einfach köstlich.

VORBEREITUNGSZEIT: 5 MINUTEN • GRILLZEIT: 10 MINUTEN

ZUTATEN FÜR 4 PORTIONEN:

4 Bananen
80 g Zartbitterschokolade
100 ml Sahne
2 Butterkekse

1. Die Bananen schälen und der Länge nach einschneiden, aber nicht durchschneiden.
2. Die Zartbitterschokolade in kleine Stücke brechen und diese in die Einschnitte stecken. Die Bananen in Alufolie packen.
3. Den Tischgrill auf die höchste Hitzestufe einstellen.
4. Die Bananen auf den Grill legen und 10 Minuten grillen, bis die Schokolade komplett geschmolzen ist.
5. Währenddessen die Sahne in eine Schüssel geben und mit dem Handrührgerät steif schlagen.
6. Zum Servieren die Bananen aus der Folie nehmen, mit den zerbröselten Keksen bestreuen und Sahne daraufgeben.

GEGRILLTE ANANAS MIT ZIMT-MASCARPONE-CREME

Gegrillte Ananas schmeckt nicht nur in Kombination mit Hühnerfleisch und Curry. In diesem Rezept wird daraus eine süße, exotische Nachspeise, die wunderbar einfach zuzubereiten ist.

VORBEREITUNGSZEIT: 5 MINUTEN • GRILLZEIT: 10 MINUTEN

ZUTATEN FÜR 4 PORTIONEN:

1 Ananas
150 g Mascarpone
½ TL Zimt
1 TL Honig
½ TL Vanilleextrakt
1 EL Pekannüsse
1 Granatapfel

1. Den Tischgrill auf die höchste Hitzestufe einstellen.
2. Die Ananas schälen und in Scheiben schneiden. Die Scheiben auf den Grill legen und auf beiden Seiten jeweils 5 Minuten grillen.
3. Währenddessen in einer Schüssel Mascarpone, Zimt, Honig und Vanilleextrakt gut verrühren.
4. Die Pekannüsse hacken. Den Granatapfel halbieren und die Kerne herauslösen.
5. Die Ananasscheiben mit der Creme anrichten und mit Pekannüssen und Granatapfelkernen bestreuen.

MANGO MIT SAUERRAHM, HONIG UND PISTAZIEN

Es soll schnell gehen und nach Haute Cuisine aussehen? Dieses Rezept wird diesen Anforderungen gerecht – die gegrillte Mango mit der Sauerrahmcreme verzaubert Gaumen und Augen.

VORBEREITUNGSZEIT: 5 MINUTEN • GRILLZEIT: 10 MINUTEN

ZUTATEN FÜR 4 PORTIONEN:

¼ Tonkabohne
150 g Sauerrahm
1 TL Honig
2 Mangos
1 EL ungesalzene Pistazien

1. Die Tonkabohne fein reiben und in einer Schüssel mit dem Sauerrahm und dem Honig verrühren.
2. Den Tischgrill auf die höchste Hitzestufe einstellen.
3. Die Mangos längs halbieren und vom Kern trennen, das Fruchtfleisch rautenförmig einschneiden. Die Mangohälften mit dem Fruchtfleisch nach unten auf den Grill legen und 10 Minuten grillen.
4. Die Pistazien hacken.
5. Die Mangohälften mit der Sauerrahmcreme und den Pistazien anrichten.

RICOTTA-NOUGATCREME-PIZZA MIT FRÜCHTEN

Pizza muss wirklich nicht immer salzig sein. Wieso nicht mal eine süße Kreation auf altbekanntem Boden? Eine fruchtig-süße Haupt- oder Nachspeise, die Kinder und Erwachsene gleichermaßen begeistert.

VORBEREITUNGSZEIT: 5 MINUTEN,
1 TAG RUHEZEIT FÜR DEN HEFETEIG • GRILLZEIT: 10 MINUTEN

ZUTATEN FÜR 8 PIZZEN:

- Pizzateig (siehe Rezept Seite 90 gleicher Teig)
- Mehl für die Arbeitsfläche
- ½ Bio-Zitrone
- 250 g Ricotta
- 1 EL Zucker
- 1 Banane
- 125 g Himbeeren
- 4 EL Nougatcreme

1. Aus dem Teig 8 kleine Pizzen formen und auf der bemehlten Arbeitsfläche 2–3 mm dick ausrollen.
2. Den Tischgrill auf die hohe Hitzestufe einstellen.
3. Die Pizzen auf den Grill legen und 5 Minuten pro Seite grillen.
4. Währenddessen die Zitrone waschen, mit Küchenpapier abtrocknen und die Schale abreiben. Den Zitronenabrieb in einer Schüssel mit Ricotta und Zucker verrühren.
5. Die Banane schälen und in Scheiben schneiden. Die Himbeeren verlesen, vorsichtig waschen und halbieren.
6. Die fertigen Pizzen mit der Ricottamasse bestreichen und mit Bananen und Himbeeren belegen.
7. Zum Schluss die Nougatcreme glattrühren und darüberträufeln. Wenn man die Creme gut rührt, dann wird sie um einiges flüssiger und man kann sie darüberträufeln.

FRENCH-TOAST-SPIESSE

Das Rezept schlechthin für ein sättigendes Frühstück oder eine unglaublich leckere Nachspeise – dieser French-Toast-Spieß macht rundum glücklich.

VORBEREITUNGSZEIT: 5 MINUTEN • GRILLZEIT: 4 MINUTEN

ZUTATEN FÜR 8 SPIESSE:

- 3 Eier
- 180 ml Milch
- 1 EL Weizenmehl
- ½ TL Zimt
- 1 Prise Salz
- 3 EL Zucker
- 4 dicke Scheiben Toast
- Butter zum Grillen
- Ahornsirup nach Geschmack
- Beeren zum Garnieren

1. Eier, Milch, Mehl, Zimt, Salz und Zucker in einer Schüssel gut mit dem Schneebesen verrühren.
2. Die Toastscheiben vierteln und kurz ganz in die Masse tauchen. Dann jeweils 2 Stück auf Spieße stecken.
3. Den Tischgrill auf die mittlere Hitzestufe einstellen und mit etwas Butter einfetten.
4. Die Spieße auf den Grill legen und 2 Minuten von jeder Seite grillen.
5. Zum Servieren mit Ahornsirup beträufeln und mit Beeren nach Belieben garnieren.

APFEL-THYMIAN-PÄCKCHEN MIT VANILLEEIS (IN BACKPAPIER)

Apfel mit Thymian ist ein kleiner Geheimtipp. Ein Geschmack, der vielen gänzlich unbekannt ist, der aber schon beim ersten Probieren überzeugt.

VORBEREITUNGSZEIT: 5 MINUTEN • GRILLZEIT: 10 MINUTEN

ZUTATEN FÜR 4 PORTIONEN:

2 Äpfel
4 kleine Thymianzweige
4 Walnusskerne
2 TL brauner Zucker
2 TL Butter
4 Kugeln Vanilleeis

1. Zuerst die Äpfel waschen, entkernen und klein würfeln. Den Thymian waschen und trockenschütteln. Die Walnusskerne grob hacken.
2. 2 Blätter Backpapier jeweils halbieren.
3. Die Äpfel und die restlichen Zutaten – außer dem Vanilleeis – gleichmäßig auf die Mitte der Backpapierblätter verteilen und etwas durchmischen. Das Backpapier jeweils zu einem Päckchen falten und mit einer Schnur zubinden.
4. Den Tischgrill auf die mittlere Hitzestufe einstellen.
5. Die Päckchen auf den Grill legen und etwa 10 Minuten grillen.
6. Die Päckchen öffnen und mit jeweils 1 Kugel Vanilleeis servieren.

GEGRILLTER OBSTSPIESS

Ein gegrillter Obstspieß? Wieso nicht! Obst wird beim Erwärmen noch süßer und intensiver im Geschmack, und das ganz ohne zusätzlichen Zucker.

VORBEREITUNGSZEIT: 10 MINUTEN • GRILLZEIT: 6 MINUTEN

ZUTATEN FÜR 4 PORTIONEN:

- 2 Kiwis
- 1 Honigmelone
- 1 Handvoll Erdbeeren
- 50 g Vollmilchschokolade

1. Die Kiwis schälen und achteln. Die Melone schälen, entkernen und würfeln. Die Erdbeeren waschen, entstielen und halbieren.
2. Die Obststücke abwechselnd auf 8 Spieße stecken.
3. Den Tischgrill auf die höchste Hitzestufe einstellen.
4. Die Spieße auf den Grill legen und auf beiden Seiten jeweils 3 Minuten grillen.
5. Währenddessen die Schokolade klein schneiden und in einer Schüssel über einem Wasserbad schmelzen. Zum Garnieren der fertigen Spieße verwenden.

NOUGAT-ERDNUSSBUTTER-SANDWICHES MIT ERDBEEREN

Ein Snack für jede Zeit – dieses Rezept ist ideal, um schnell den kleinen Hunger kurz vor dem BBQ zu stillen, eignet sich aber auch perfekt als Nachspeise.

VORBEREITUNGSZEIT: 5 MINUTEN • GRILLZEIT: 4 MINUTEN

ZUTATEN FÜR 2 SANDWICHES:

4 Scheiben Toastbrot
2 EL Butter
2 EL Erdnussbutter
2 EL Nougatcreme
4 Erdbeeren

1. Die Toastscheiben auf einer Seite mit Butter bestreichen. Die andere Seite jeweils zur Hälfte mit Erdnussbutter und Nougatcreme bestreichen.
2. Die Erdbeeren waschen, entstielen, in Scheiben schneiden und gleichmäßig auf der Erdnussbutter verteilen. Mit dem anderen Toastbrot zudecken, sodass ein Sandwich entsteht.
3. Den Tischgrill auf die hohe Hitzestufe einstellen.
4. Die Toasts auf den Grill legen und ca. 2 Minuten pro Seite grillen, bis sie goldbraun und knusprig sind.

SMORES IN MINI-GUSSEISENPFÄNNCHEN

Smores gehen schnell und fast jeder liebt sie – die ideale Nachspeise. Auch als herrliches Fingerfood auf Partys geeignet!

VORBEREITUNGSZEIT: 10 MINUTEN • GRILLZEIT: CA. 10 MINUTEN

ZUTATEN FÜR 4 PFÄNNCHEN:

80 g Butterkekse
60 g Zartbitterschokolade
1 Handvoll Marshmallows

1. Die Hälfte der Kekse in kleine Stücke brechen und in den Pfännchen verteilen, sodass der Boden jeweils bedeckt ist.
2. Die Schokolade klein schneiden und auf die Keksschicht geben.
3. Dann die Marshmallows halbieren und gleichmäßig auf der Schokolade verteilen.
4. Den Tischgrill auf die niedrigste Hitzestufe einstellen.
5. Die Pfännchen auf den Grill stellen und einen hitzefesten Deckel darauflegen. Ca. 10 Minuten grillen.
6. Wer möchte, kann vor dem Servieren die Marshmallows an der Oberfläche mit einem Bunsenbrenner etwas karamellisieren.
7. Die restlichen Kekse zum Eintunken mit den Pfännchen servieren.